Hinweise zur Bearbeitung

Allgemeine Hinweise

1. Die „Das kann ich jetzt“-Seiten dienen der Selbstbestätigung der Kinder und sie helfen der Lehrkraft, ihren sprachbezogenen Leistungsstand einzuschätzen.

2. Die Seiten gibt es für die Klassen 1 bis 4 zu jeder Unterrichtseinheit des KUNTERBUNT Lehrwerks – und zwar zur Fibel und zu den Sprachbüchern. Die Bezugsseiten in der Fibel und in den Sprachbüchern ist jeweils aus der Fußleiste zu entnehmen.

3. Wenn die „Das kann ich jetzt“-Seiten auf farbiges Papier kopiert werden, dann erhalten sie für die Kinder zusätzlichen Wert. Sie können die Blätter als Ausweis ihres Lernens sammeln und zum Beispiel in einer Portfolio-Mappe aufbewahren.

4. Die Seiten sind für die individuelle Bearbeitung entwickelt worden. Je nach Klassensituation können sie aber auch mit einem Partner, gemeinsam in der Fördergruppe oder auch im Klassenverband bearbeitet werden.

Zur Fibel

1. Die Aufgaben der „Das kann ich jetzt“-Seiten für die Klasse 1 beziehen sich auf die grundlegenden Ziele des Schriftspracherwerb einer Unterrichtseinheit. Sie setzen nur die Texte voraus, bei denen neue Buchstaben eingeführt werden (durch Buchstaben in der Kopfleiste der Fibel gekennzeichnet). Sie greifen auf die Aufgaben in den Übungen zurück und variieren sie zum Teil.

2. Die „Das kann ich jetzt“-Seiten für Klasse 1 umfassen in der Regel zwei Seiten: Die erste enthält mehrere Aufgaben zu den grundlegenden Zielen: Abhöraufgaben, Schreib- und Leseaufgaben. Die zweite Seite enthält eine Aufgabe zum Lesen und zum Schreiben, die in der Regel frei bearbeitet werden kann.

3. Viele Aufgaben können auf unterschiedlichen Niveaus gelöst werden, so dass Kinder zu persönlichen Erfolgen kommen und die Lehrkraft die individuellen Entwicklungsstände feststellen kann.
   Beispiel: offene Abhöraufgaben

Ss, Ll

Die Aufgabe ist gelöst, wenn die Kinder erkannt haben, ob *S, s* oder *L, l* in dem Abhörwort vorkommt, und wenn sie den oder die Buchstaben in das Schreibfeld darunter eintragen. Im Laufe der ersten Wochen sollten sie dabei auch die richtige Position eintragen, also bei Esel etwa in der Mitte *S* oder *s*, am Ende *L* oder *l*. Die Kinder können aber auch versuchen, das ganze Wort zu erschreiben und es in das Schreibfeld eintragen.

4. Die beiden „Das kann ich jetzt"-Seiten gibt es zu jeder Unterrichtseinheit der Fibel. Sie sollten gegen Ende der jeweiligen Einheit bearbeitet werden.
   Ausnahme: In der ersten Einheit „Wir sind jetzt in der Schule" gibt es eine „Das kann ich jetzt"-Seite am Ende der Einführung der Selbstlaute und weitere zum Abschluss der Unterrichtseinheit.

Zu den Sprachbüchern 2 bis 4:

1. Die Aufgaben beziehen sich auf die grundlegenden Ziele im Schreiben, Rechtschreiben und in der Grammatik der jeweiligen Unterrichtseinheit. Dazu gibt es eine „Das kann ich jetzt"-Seite zweimal zu jeder Einheit: einmal etwa zur Mitte der Einheit und einmal zum Abschluss. Wer Diktate schreiben will oder muss, kann sie leicht aus den beiden Selbst- und Partnerdiktaten zu jeder Einheit zusammenstellen.

2. Als punktuelle Lernzielkontrollen ergänzen die „Das kann ich jetzt"-Seiten die Lernbeobachtung der Kinder. Gesonderte Diktate oder Grammatikarbeiten sind damit überflüssig.

3. Jede „Das kann ich jetzt"-Seite endet mit der Aufforderung, über das eigene Lernen nachzudenken: „Das habe ich neu gelernt" heißt die Aufgabenstellung.
   Bei den Seiten für Klasse 2 können die Kinder in die anschließenden Schreibzeilen schreiben, ab Klasse 3 schreiben sie auf die Rückseite des Blattes.
   Hierbei sollten sie frei schreiben – inhaltlich, was ihnen wichtig ist, sprachlich in Stichwörtern, in Sätzen oder als Text.

   Zu Anfang überlegen die Kinder gemeinsam, was sie Neues in der Unterrichtseinheit gelernt haben, und schreiben es für sich auf ihre Seite.
   Später können die Fragestellungen spezifischer werden. Sie können mit Beispielen veranschaulicht und auf einem Plakat in der Klasse zur Erinnerung aufgehängt werden:

   Das habe ich neu gelernt
   - Was habe ich neu gelernt?
   - Was habe ich besonders geübt?
   - Was kann ich jetzt besser als vorher?

   Im Laufe der Schuljahre kann die Lernreflexion weiter differenziert werden:

   Das habe ich neu gelernt
   - Was habe ich neu gelernt?
   - Was habe ich besonders geübt?
   - Woran habe ich besonders intensiv gearbeitet?
   - Was kann ich jetzt besser als vorher?
   - Was fiel mir leicht?
   - Was fiel mir schwerer?
   - Was hat mich besonders interessiert, was hat mir besonderen Spaß gemacht?
   - Woran möchte ich gerne weiter arbeiten?

   Die freien Formulierungen zu dieser Aufgabe können auf Dauer Einblicke in die Entwicklung des Lernens sowie des Schreibens und Rechtschreibens geben.

Beobachtungsbogen zur Schreibentwicklung Klasse 1 und 2

	Name: Datum:						
Schreibentwicklung	kennt elementare Laut-Buchstabenbeziehungen, z. B. I i, O o, A a, U u, E e, N n, T t, F f, R r, D d, Ä ä, Ö ö						
	kennt mehrgliedrige Zeichen: Ei ei, Au au, Eu eu, äu, ie, Ch ch, Pf pf, Sch sch, Sp sp, St st, tz, ck						
	kennt seltenere Laut-Buchstabenbeziehungen: J j, V v, Z z, ß, X x, Qu qu, Y y						
	schreibt lautorientiert						
	hält Wortgrenzen ein						
	schreibt häufige Wortbausteine richtig						
	schreibt häufige Wörter/Merkwörter normgerecht						
	schreibt flüssig und formklar						
wortübergreifende Regelungen	schreibt Nomen mit großem Anfangsbuchstaben						
	kennzeichnet das Satzende						
	schreibt den Satzanfang groß						
Strategien	schreibt methodisch sinnvoll ab						
	nutzt die bekannten Übungsmethoden						
	findet Ableitungen						
	findet Verlängerungen						
	findet verwandte Wörter						
	kann kurze und lange Selbstlaute unterscheiden und dies in Zweifelsfällen nutzen						
Texte schreiben	schreibt einzelne Wörter						
	schreibt einzelne Sätze						
	schreibt aufeinander bezogene Sätze						
	schreibt kurze, verständliche Geschichten						
	entwickelt selbstständig Schreibideen						

O = teilweise, mit Hilfe / + = häufig, selbstständig

Beobachtungsbogen zur Leseentwicklung Klasse 1 und 2

Name:	Datum:						
Leseentwicklung Wortebene/Textebene	kann den Lautwert häufiger Buchstaben angeben, z. B. I i, O o, A a, U u, E e, N n, T t, F f, R r, D d, Ä ä, Ö ö						
	kann den Lautwert mehrgliedriger Zeichen angeben: Ei ei, Au au, Eu eu, äu, ie, Ch ch, Pf pf, Sch sch, Sp sp, St st, tz, ck						
	kann den Lautwert seltener Buchstaben angeben: J j, V v, Z z, ß, X x, Qu qu, Y y						
	erliest einfache, kurze Wörter (max. 2 Silben, KV, VK, KVK*) und kann ihre Bedeutung nennen						
	erliest drei- und mehrsilbige Wörter und kann ihre Bedeutung nennen						
	erliest Wörter mit Konsonantenhäufungen und kann ihre Bedeutung nennen						
	erfasst kurze, bekannte Wörter auf einen Blick						
	liest einen kurzen Text leise und beantwortet textbezogene Fragen zu Inhalt						
	versteht kurze Anweisungen in einem leise gelesenen Text und führt diese aus						
	liest geübte Texte gestaltend vor						
Strategien	bemerkt Verständnisschwierigkeiten und kann diese lösen, z. B. durch Gliederung längerer Wörter in Silben oder Morpheme						
	bildet Hypothesen zum Fortgang einer Handlung						
	liest zeilenübergreifend						
Motivation	wählt Texte/Bücher interessengeleitet aus (z. B. in freien Lesezeiten oder aus einem Wahlangebot)						
	hört beim Vorlesen aufmerksam zu						
	liest selbst gewählte Texte/Bücher mit Ausdauer						
	gibt zu Texten/Büchern eine begründete Bewertung ab						

O = teilweise, mit Hilfe / + = häufig, selbstständig

*K = Konsonant V = Vokal

Beobachtungsbogen zur Schreibentwicklung Klasse 3 und 4

Name:	Datum:						
Motivation	nutzt Gelegenheiten zum Schreiben im Schulalltag						
	lässt sich zum Schreiben anregen (z. B. durch Bildimpulse, kreative Formen, Wortfelder, literarische Texte)						
	entwickelt selbstständig Schreibideen						
	plant, schreibt und überarbeitet Texte mit Ausdauer						
Schreibentwicklung	schreibt verständliche Texte						
	schreibt Texte, die der jeweiligen Schreibaufgabe entsprechen:						
	Texte, die Erlebtes oder Erfundenes erzählen						
	Texte, die über Sachverhalte informieren						
	Vereinbarungen, Aufrufe, Aufforderungen						
	poetische Texte						
	berücksichtigt die erarbeiteten textbezogenen Kriterien						
	berücksichtigt Hinweise bei der Überarbeitung eigener Texte						
	gibt anderen Kindern begründete Hinweise zur Überarbeitung (z. B. in der Schreibkonferenz)						
	gestaltet ausgewählte Texte für die bekannten Präsentationsformen (z. B. Wanderbuch, Wandzeitung, Leporello)						
Strategien	nutzt die bekannten Planungshilfen (z. B. Ideenfeld, Cluster, Erzählwörter, Erzählkarten)						
	schreibt Textentwürfe zweizeilig und nutzt die Möglichkeit der gleichzeitigen Überarbeitung						
	nutzt die bekannten Methoden beim Überarbeiten:						
	Umstellen						
	Ersetzen						
	Erweitern						
	Weglassen						

O = teilweise, mit Hilfe / + = häufig, selbstständig

Beobachtungsbogen zur Entwicklung im Rechtschreiben Klasse 3 und 4

Name:	Datum:						
Motivation	bemüht sich bei eigenen Texten um rechtschriftliche Richtigkeit						
	kontrolliert und korrigiert Texte auf ihre rechtschriftliche Richtigkeit						
	nutzt die im Sprachbuch eingeführten Übungsmethoden selbstständig						
	gestaltet Texte zweckmäßig und übersichtlich						
Rechtschreibentwicklung	schreibt häufige Wörter/Merkwörter normgerecht						
	schreibt häufige Wortbausteine normgerecht, z. B. -en, -er, -el, ab-, ver-, vor-, -ig, -lich						
	überträgt bekannte Regelungen auf weitere Wörter, z. B. auf verwandte Wörter						
	findet Begründungen für regelhafte Schreibweisen						
	beachtet bekannte Ausnahmeregelungen (z. B. Vokalverdopplung, Schreibung des V/v)						
	schreibt Nomen mit großem Anfangsbuchstaben (Nomenprobe)						
	kennzeichnet das Satzende durch Punkt, Fragezeichen oder Ausrufezeichen						
	kennzeichnet die wörtliche Rede						
	setzt bei Aufzählungen ein Komma als Trennungszeichen						
	schreibt flüssig und formklar						
Strategien	schreibt methodisch sinnvoll ab (Abschreiben in vier Schritten)						
	nutzt die bekannten Methoden beim Schreiben von rechtschreibschwierigen Wörtern:						
	nutzt die Rechtschreibsprache						
	trennt lange Wörter in Silben						
	findet Verlängerungen, z. B. Kind-Kinder						
	findet Ableitungen, z. B. Baum-Bäume						
	findet verwandte Wörter						
	unterscheidet kurz und lang gesprochene Selbstlaute und nutzt dies in Zweifelsfällen						
	nutzt das Wörterbuch als Rechtschreibhilfe						

O = teilweise, mit Hilfe / + = häufig, selbstständig

Beobachtungsbogen zur Leseentwicklung Klasse 3 und 4

Name:							
	Art der Textauswahl ☐ kurze Texte aus dem Lesebuch ☐ längere Texte aus dem Lesebuch ☐ Lesehefte ☐ Kinderbücher: ☐ mit reduziertem Textumfang, großen Buchstaben, vielen Illustrationen ☐ mit umfangreichem Text, wenigen Illustrationen ☐ Sachbücher ☐ Kinderseiten des Internets	Beispiele für gewählte Lesetexte					
	Datum:						
Motivation	hört beim Vorlesen aufmerksam zu						
	liest selbst gewählte Texte/Bücher mit Ausdauer						
	wählt Texte/Bücher interessengeleitet aus (z. B. in freien Lesezeiten oder aus einem Wahlangebot)						
	gibt zu Texten/Büchern eine begründete Bewertung ab						
	nimmt aktiv am Austausch über Gelesenes teil						
Leseentwicklung	liest Texte leise und kann explizite Informationen aus dem Text wiedergeben						
	liest Texte leise und kann einfache Schlussfolgerungen aus dem Text ziehen						
	liest Texte leise, kann die Bedeutung von einzelnen Informationen erkennen und begründen; interpretieren						
	versteht Anweisungen in einem leise gelesenen Text und führt diese aus						
	liest geübte Texte gestaltend vor						
	nutzt Anregungen aus Texten für eigene Gestaltungen						
Strategien	bemerkt Verständnisschwierigkeiten und kann diese lösen, z. B. durch Gliederung längerer Wörter in Silben oder Morpheme						
	bildet Vermutungen zum Fortgang einer Handlung						
	liest zeilenübergreifend						

O = teilweise, mit Hilfe / + = häufig, selbstständig

Das kann ich jetzt (1)

1 Mein Name:

2 Aa, Ee, Ii, Oo, Uu

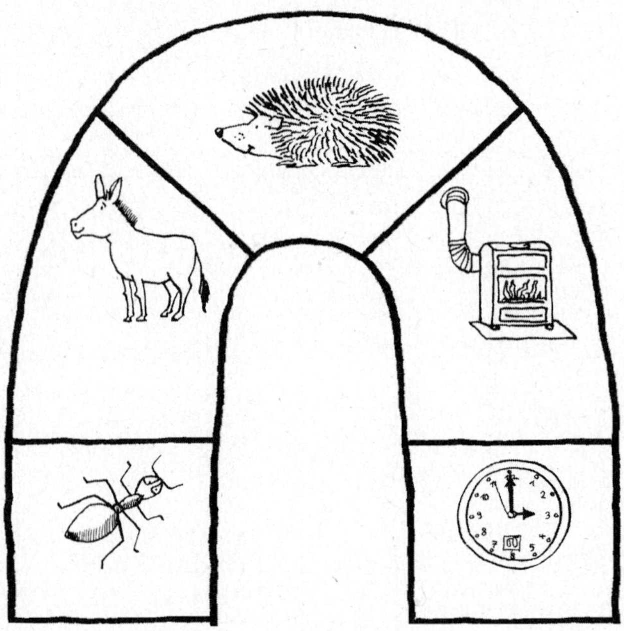

3 Aa, Ee, Ii, Oo

Zu KUNTERBUNT Fibel, Seiten 4–11

Das kann ich jetzt (2)

1 S s, L l, M m, K k

2

3

Zu KUNTERBUNT Fibel, Seiten 13–21

4

Das kann ich jetzt

1 Ei ei, Au au

2 Nn, Tt, Ff

3

4

Tafel

Tasse

Tanne

Timo

Telefon

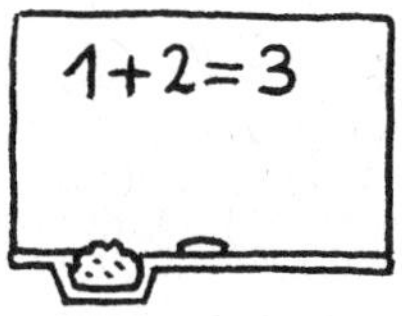

Zu KUNTERBUNT Fibel, Seiten 22–31

5 Was Niko kann

Niko kann

Male:

Zu KUNTERBUNT Fibel, Seiten 22–31

Das kann ich jetzt

1 Rr, D d, W w

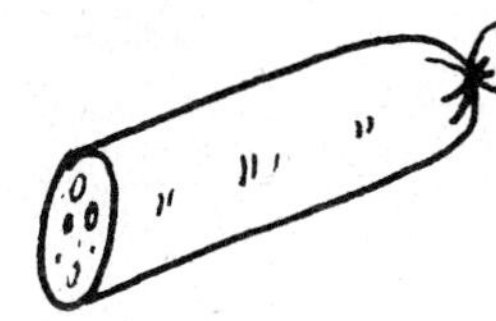

2

3

	Kaktus Krokodil	Kater Kaufladen	Kartoffel Kalender	

4 Male Fifi mit einer Wurst.

5

Was ist alter Kram?

Was will Anna?

Was darf Anna?

Was meint Simon?

Das kann ich jetzt

1 Pp, Hh, Gg

2

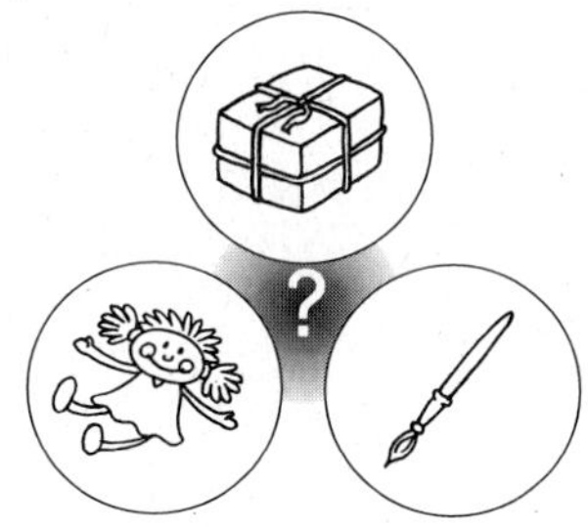

3

ein Hund am Gartentor
ein Hund am Haus
ein Haufen mit Gurken
eine Kiste mit Gurken
ein Hund mit Gold
eine Kiste mit Gold

4 Male eine Wiese. Ein Tier liegt im Gras.

5 Was ist alles auf der Insel?

6 Was kann alles passieren?

Zu KUNTERBUNT Fibel, Seiten 42–51

Das kann ich jetzt

1 Bb

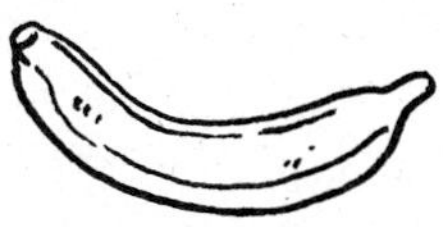

2

Das Mädchen trinkt Milch aus der Tüte.
Das Mädchen isst Pommes aus der Tüte.
Das Mädchen küsst Pommes aus der Tüte.
Der Junge isst die Tüte.
Der Junge küsst das Mädchen.
Der Junge sagt: Ich bin ich.

3

4 Male drei Bälle. Ein Ball soll rot und blau sein, ein Ball grün und gelb, ein Ball bunt.

Zu KUNTERBUNT Fibel, Seiten 4–11

5

Das bin ich:

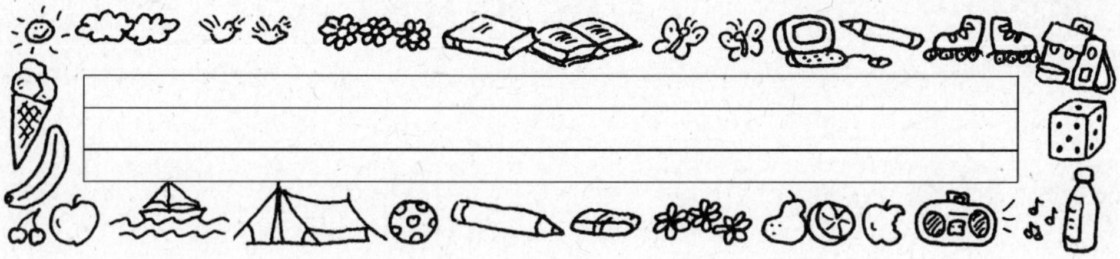

Das mag ich:

Das mag ich nicht:

Zu KUNTERBUNT Fibel, Seiten 52–61

Das kann ich jetzt

1 Schreibe die Wörter.

2 Schreibe alle Zahl-Wörter, die du schon schreiben kannst.

3 1 7 6

5 9 10 12

4 11 2 8

3 Ein Rätsel
Sie sind meistens klein, haben zwei Beine und zwei Flügel. Sie können singen, sie können fliegen.

Es sind

Silke, 24. Juni

Lieblingsmonate

Mein Monat
ist der Juni.
Da scheint oft die Sonne
und es ist schön warm.

5 Schreibe und male zu deinem Lieblingsmonat.

Das kann ich jetzt

1 Schreibe die Wörter.

2

Ich pflege Pferde mit Pizza.

Ich pflege und füttere Pferde.

Ich backe Pferdeäpfel.

Ich backe leckere Pizzas.

Ich backe leckere Pflanzen.

Ich bürste meine Pizzas.

3 Schreibe die richtigen Wörter.

Decke | Schnecke | backen | packen

Auf der Wiese lebt die ____________________.

Auf dem Sofa liegt die ____________________.

Einen Kuchen kann man ____________________.

Meine Tasche kann ich ____________________.

Zu KUNTERBUNT Fibel, Seiten 72–79

4 Welchen Beruf möchtest du einmal haben?

5 Welche Berufe sind das?
Was machen die Männer und die Frauen?

Das kann ich jetzt

1 Schreibe die Wörter.

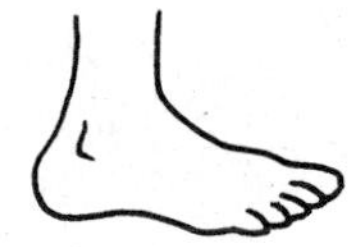

2 Was ist groß, was ist klein?

Ein Riese ist ______.
Ein Baum ist ______.

Ein Maus ist ______.
Eine Fliege ist ______.

Ein Elefant ist ______.

3

	Moritz ist ein Kater.		Eulen fliegen ganz leise.
	Moritz liegt nicht gern in der Sonne.		Eulen können nachts nichts sehen.
	Moritz mag es, wenn die Spatzen laut sind.		Eulen schlafen meist am Tag.
	Moritz kann die Spatzen nicht fangen.		Eulen nisten gern auf der Wiese.

4 Wie heißt deine Freundin oder dein Freund?

5 Was ist dein Lieblingstier?
Schreibe von deinem Lieblingstier auf, was du weißt.

Zu KUNTERBUNT Fibel, Seiten 80–89

Das kann ich jetzt

1 Schreibe die Wörter.

2 Ein Quiz

Lösungswörter: Clown, Chor, Baby, quaken, Quiz

Einer, der Spaß macht:

Ein ganz kleines Kind:

Menschen, die zusammen singen:

Ein Fragespiel:

Das machen Frösche:

Mit Paul gehe ich zusammen zur Schule. Mit meiner Mama schmuse ich gern.

3 Was machst du mit anderen?

Zu KUNTERBUNT Fibel, Seiten 90–99

3 Schreibe zu jedem Buchstaben ein Wort.
Wenn du kein Wort weißt, dann lasse die Zeile frei.

Aa

Bb baden

Cc

Dd

Ee

Ff

Gg Giraffe

Hh

Ii

Jj

Kk

Ll

Mm

Nn

Oo

Pp

Ququ quieken

Rr

Ss

Tt

Uu

Vv

Ww

Xx

Yy Ypsilon

Zz

Das kann ich jetzt

überraschen, waschen, Kälber, Wälder, mich

1 Schreibe diese Wörter an die richtigen Stellen.

<u>Ohne Wasser</u>
brauchte ich mich nicht zu ______
würde mich kein Regen ______

<u>Ohne Wasser</u>
gäbe es keine Wiesen, Blumen, ______
lebten keine Fische, Vögel, ______

<u>Ohne Wasser</u>
gäbe es nicht mal dich
und natürlich auch nicht ______.

2 Was ist falsch? Streiche durch.

Sofies Vater angelt arbeitet im Wasserwerk.

Das Sprudelwasser Wasserwerk sorgt dafür, dass grünes sauberes Wasser aus den Hühnern Hähnen kommt.

Einmal ist keine Watte kein Wasser gekommen.

Vater schimpfte und musste wieder ins Wanne Werk.

Zu KUNTERBUNT Fibel, Seiten 100–105

4 Was denkt Sofie? Was sagt Sofie?

Das denkt Sofie am Ende der Geschichte:

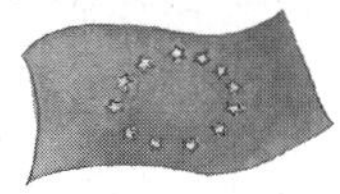

Das kann ich jetzt

Eine Karte an Tobias

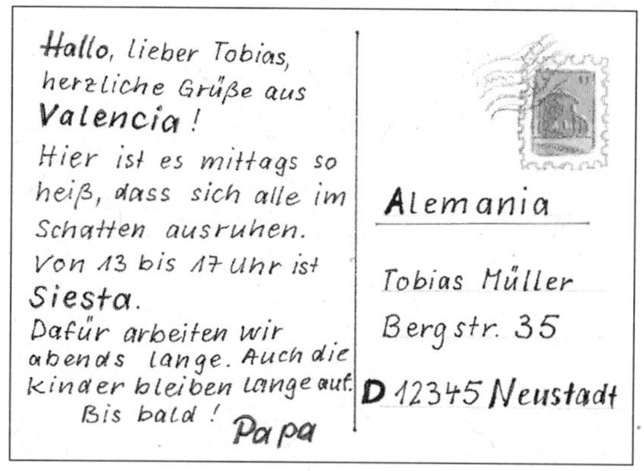

Hallo, lieber Tobias,
herzliche Grüße aus
Valencia!
Hier ist es mittags so
heiß, dass sich alle im
Schatten ausruhen.
Von 13 bis 17 Uhr ist
Siesta.
Dafür arbeiten wir
abends lange. Auch die
Kinder bleiben lange auf.
Bis bald!
Papa

Alemania

Tobias Müller
Bergstr. 35
D 12345 Neustadt

1 Fragen beantworten

Wo wohnt Tobias?

Aus welcher Stadt schreibt der Papa?

Warum ruhen sich die Leute in Spanien mittags aus?

Wie heißt die Ausruh-Zeit?

Warum bleiben die Kinder in Spanien lange auf?

Woher weiß die Post, dass die Karte nach Deutschland geschickt wird?

Zu KUNTERBUNT Fibel, Seiten 106–115

2 Schreibe zu den Bildern.

Zu KUNTERBUNT Fibel, Seiten 106–115

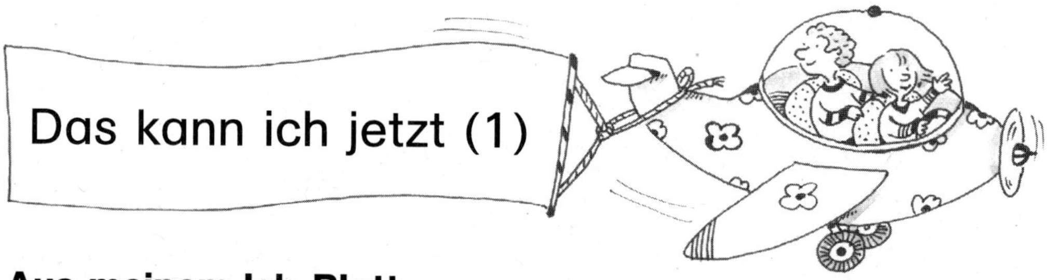

Aus meinem Ich-Blatt

1 Das kann ich gut:

2 Vier Namen aus meiner Klasse:

Das Abc

3 Einige Buchstaben fehlen. Setze sie dazu.

A ☐ C D E ☐ G H I J K ☐ M
N O P Q R S T U V W X Y ☐

Merkwörter

4 Ergänze die fehlenden Buchstaben.

üb☐n bast☐ln schrei☐en zus☐mmen

5 Das habe ich neu gelernt:

Zu KUNTERBUNT Sprachbuch 2, Seiten 4–11

Das kann ich jetzt (2)

1 Schreibe die Antwort dazu.

Wie heißt deine Lehrerin oder dein Lehrer?

Was macht euer Hausmeister oder eure Hausmeisterin?

Wörtertreppe

fragen, antworten, wer, üben, zusammen

2 Schreibe mit diesen Wörtern eine Wörtertreppe.

Merkwörter

3 Schreibe vier Merkwörter auf, die mit w anfangen.

4 Das habe ich neu gelernt:

Das kann ich jetzt (1)

Was meine Hand kann

1 Schreibe wenigstens sieben Beispiele in die Hand.

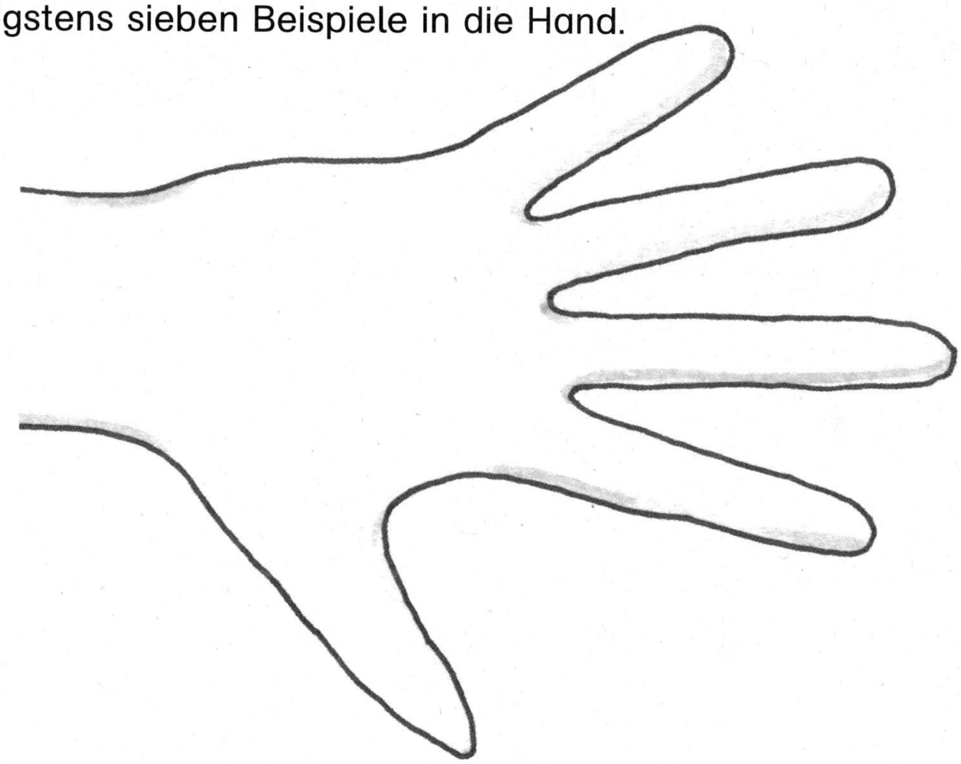

2 Ergänze.

eine Hand – viele ______ *ein Fuß – viele* ______

ein Kopf – viele ______ *ein Zahn – viele* ______

3 Schreibe weitere fünf Körperteile auf.

______

______

4 Das habe ich neu gelernt:

______

______

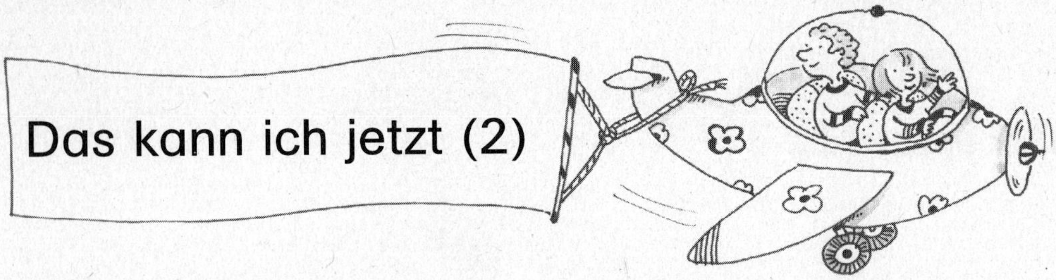

Welche Wörter passen?

1 Schreibe in jede Spalte drei Wörter, die passen.

Wie sieht etwas aus?	Wie fühlt sich etwas an?	Wie riecht etwas?	Wie schmeckt etwas?

Fragen oder Ausrufe?

2 Setze die richtigen Satzzeichen.

Mach mal das Fenster zu ☐

Ruhe jetzt ☐

Wer hat eine Schere ☐

Wie lange haben wir Schule ☐

Kommt mal schnell hierher ☐

Hat jeder sein Sprachbuch ☐

Selbstlaute – kurz oder lang?

3 Mache unter die Selbstlaute einen Punkt (kurz) oder Strich (lang).

Rote Rosen riechen gut. *Ratten fressen Pommes.*

4 Das habe ich neu gelernt:

Das kann ich jetzt (1)

1 Fünf Dinge, die ich auf meinem Schulweg sehe:

Wer tut was?

2 Schreibe zwei passende Verben in jede Reihe.

Was Fußgänger tun:

Was Radfahrer tun:

Was Autofahrer tun:

Ein Radfahrer	halten	auf dem Fußweg.
Autos	gehen	auf dem Radweg.
Fußgänger	fährt	an der Ampel.

3 Schreibe drei Sätze auf und kreise die Verben farbig ein.

4 Das habe ich neu gelernt:

Zu KUNTERBUNT Sprachbuch 2, Seiten 24–27

Das kann ich jetzt (2)

1 Schreibe mit diesen Wörtern eine Wörtertreppe: schnell, heute, viel .

der Radfahrer, die Laufschuhe, abfahren, losfahren, der Läufer, der Wettlauf

2 Schreibe die Wörter untereinander, die verwandt sind.
Kreise ein, was gleich oder ähnlich ist.

der Tretroller, das Raumschiff, der Lastwagen, das Motorrad

3 Suche passende Verben und schreibe drei Sätze: *Der Tretroller quietscht.*

4 Das habe ich neu gelernt:

Zu **KUNTERBUNT Sprachbuch 2, Seiten 28/29**

Das kann ich jetzt (1)

1 Welches Wort musst du suchen, um diese Wörter in der Wörterliste zu finden?

erzählt ____________ *kam* ____________

fuhr ____________ *nimmt* ____________

2 Schreibe vier verschiedene Formen des Verbs fliegen auf.

____

____

3 Welche Merkwörter kannst du einsetzen?

____________ *hatte ich einen Traum.* ____________

von einem Monster, ____________ *wurde es eine Maus.*

____________ *ich die Maus aufheben wollte, wachte ich auf.*

4 Finde eine passende Überschrift zu der Geschichte.

____

5 Das habe ich neu gelernt:

____

____

Zu KUNTERBUNT Sprachbuch 2, Seiten 32–34

Das kann ich jetzt (2)

1 Finde wenigstens vier Wörter für das Wortfeld.

Buch

2 Ergänze so: *das Kind – die Kinder*

die Hand – die ______ *der Freund – die* ______

das Bild – die ______ *das Pferd – die* ______

das Land – die ______ *das Wand – die* ______

3 Finde die richtige Reihenfolge der Sätze und nummeriere sie.

◯ *Denn das Mädchen und er waren nun Freunde.*

◯ *Er lebte tief in den Wäldern.*

◯ *Eines Tages kam ein mutiges Mädchen.*

◯ *Von nun an wollte er immer lieb sein.*

(1) *Es war einmal ein schrecklicher Riese.*

◯ *Darüber freute sich der Riese sehr.*

4 Das habe ich neu gelernt:

______

______

Zu KUNTERBUNT Sprachbuch 2, Seiten 35–37

Das kann ich jetzt (1)

das Jahr, die Woche, das Kind, das Mädchen, der Ball, der Kindergarten

1 Schreibe diese Nomen in der Mehrzahl.

Aus 2 mach 1

2 Finde wenigstens vier zusammengesetzte Nomen mit Eis .

Gestern war Peter im Schwimmbad.
Vorgestern war er beim Basketball.
Am Sonntag war er reiten.
Letzte Woche war er Schlittschuh laufen.
Welchen Sport wird er morgen machen?

3 Übermale die Wörter, die sagen, wann etwas war oder sein wird.

4 Das habe ich neu gelernt:

Das kann ich jetzt (2)

Sätze bilden

1 Welche Teile passen zusammen? Verbinde sie.

Jeden Montag geht	am Wochenende zum Segeln.
Am Freitag besuche	mittwochs Fußball.
Meine Eltern fahren	mein Freund zum Schwimmen.
Mein Vater schaut	ich meine Oma.

Einzahl und Mehrzahl

2 Ergänze die Nomen in der Einzahl:

viele Monate – ______________________

viele Babys – ______________________

viele Fotos – ______________________

der Wochentag, der Donnerstag, der Sonntag, der Geburtstag

3 Welche Wörter stecken in diesen Merkwörtern?

____

____

4 Das habe ich neu gelernt:

____

____

Das kann ich jetzt (1)

1 Sechs Nomen für Verwandte aus meiner Familie:

2 Fünf Wörter mit er am Ende:

Merkwörter

3 Ergänze die fehlenden Buchstaben.

die Fa ___ *die El* ___ *die Schw* ___

der Br ___ *ne* ___ *Gei* ___

4 Das habe ich neu gelernt:

Das kann ich jetzt (2)

Was zu Hause getan werden muss

1 Schreibe wenigstens fünf Verben auf.

2 Ergänze die fehlenden Selbstlaute.
Mache einen Punkt unter den kurz gesprochenen Selbstlaut.

b☐cken d☐cken gl☐cklich sp☐cken zur☐ck w☐ckeln

kochen, putzen, aufräumen, decken, helfen, backen

3 Ordne die Merkwörter nach dem Abc.

4 Das habe ich neu gelernt:

Das kann ich jetzt (1)

1 Sechs Nomen, die Häuser genauer bezeichnen:

2 Finde wenigstens fünf Wörter für das Wortfeld.

Das gibt es in meiner Straße

ein Haus, ein Baum, ein Strauch, ein Zaun, ein Raum, ein Strauß

3 Schreibe die Nomen in der Mehrzahl auf.

4 Das habe ich neu gelernt:

Das kann ich jetzt (2)

1 Das gibt es in der Nähe unserer Schule:

2 Welche Merkwörter kannst du einsetzen?

Die Bank steht ☐ dem Baum. Das Eichhörnchen sitzt ☐ der Bank. Der Mülleimer steht ☐ der Bank. Der Ast hängt ☐ der Bank. Das Mädchen sitzt ☐ der Bank.

3 Ergänze die fehlenden Buchstaben.

☐ischen ☐ei ☐etschgen ☐eigen

☐itschern ☐ei ☐alben.

4 Das habe ich neu gelernt:

Zu KUNTERBUNT Sprachbuch 2, Seiten 58/59

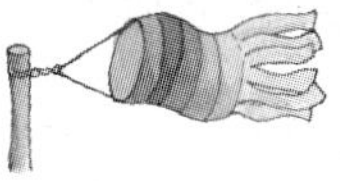

Das kann ich jetzt (1)

1 Schreibe drei Sätze über deinen Lieblingsgeist auf.

2 Sammle wenigstens drei Ideen.

3 Schreibe drei Wörter mit ie auf.

4 Das habe ich neu gelernt:

Das kann ich jetzt (2)

1 Übermale alle Adjektive.

heulen	unheimlich	biegen	fliegen	dunkel	heimlich
grün	kriechen	treffen	freundlich	gemütlich	setzen
leben	aussehen	neugierig	böse	leicht	bewegen
glitschig	scheußlich	weiß	kommen	fliegen	nass

2 Schreibe fünf Wörter mit dem Wortbaustein un- auf.

3 Wie viele Luft- und Wasser-Wörter kennst du?
Schreibe alle auf, die dir einfallen. Setze den richtigen Artikel davor.

4 Das habe ich neu gelernt:

Das kann ich jetzt (1)

1 Schreibe wenigstens fünf Tiere auf, die du kennst.

2 Ergänze die Sätze.

Lukas wün ___ sich ein ___ austier.

Aber die meisten T ___ kna ___ ern zu ___ iel.

3 Ergänze die fehlenden Buchstaben.

die Rin ___ er, die Kin ___ er, die Hän ___ e

die Län ___ er, die Rän ___ er, die Wän ___ e

4 Schreibe die Nomen aus Aufgabe **3** in der Einzahl auf:

5 Das habe ich neu gelernt:

Das kann ich jetzt (2)

1 Schreibe drei Pflanzenwörter mit **Bl** auf.

2 Alle Pflanzen haben:

3 Ergänze die Wörter.

Eine Zimmer☐anze mü☐en wir richti☐ ☐egen und g☐en.

4 Finde drei Wörter mit **wachs**. Kreise ein was gleich oder ähnlich ist.

können, blühen, manche, Pflanzen

5 Mache aus den Wörtern einen Satz und schreibe ihn auf.

6 Das habe ich neu gelernt:

Das kann ich jetzt (1)

1 Schreibe drei Fragen und drei Antworten auf, die du dir gemerkt hast.

2 Unterstreiche bei jeder Frage das Suchwort.

Wie schwer kann ein Elefant werden?
Wann lebten die Dinosaurier?
Wie wird Schokolade gemacht?

3 Wo kannst du nach Antworten auf Fragen suchen? Nenne drei Möglichkeiten.

4 Das habe ich neu gelernt:

Zu KUNTERBUNT Sprachbuch 2, Seite 82–85

Das kann ich jetzt (2)

1 Silbenrätsel: **sechs Merkwörter**

Com – for – In – kon – Le – ma – on – por – pu –
Rät – Re – sel – ter – ter – ti – tung – xi – Zei

Berufe in der Einzahl und in der Mehrzahl

2 Schreibe so: *ein Lehrer – viele Lehrer, eine Lehrerin – viele Lehrerinnen*

ein Reporter –

ein Polizist –

ein Verkäufer –

3 Übermale, was sich in der Mehrzahl ändert.

4 Das habe ich neu gelernt:

Zu KUNTERBUNT Sprachbuch 2, Seiten 86/87

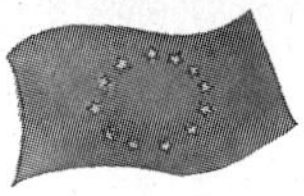

Das kann ich jetzt (1)

1 Ergänze die fehlenden Satzzeichen.

Lass das ☐

Wie lange dauert es noch ☐

Ich nehme ein Buch mit ☐

Wohin willst du ☐

Die Farbe gefällt mir gut ☐

Pass doch auf ☐

2 Schreibe einen eigenen Aussagesatz, einen Fragesatz und einen Ausrufesatz.

3 Schreibe drei Wörter mit Eu oder eu auf.

Land, verschieden, Ferien, Sprache, Europa, Urlaub

4 Ordne die Wörter nach dem Abc.

5 Das habe ich neu gelernt:

Zu Sprachbuch, Seiten 90–93

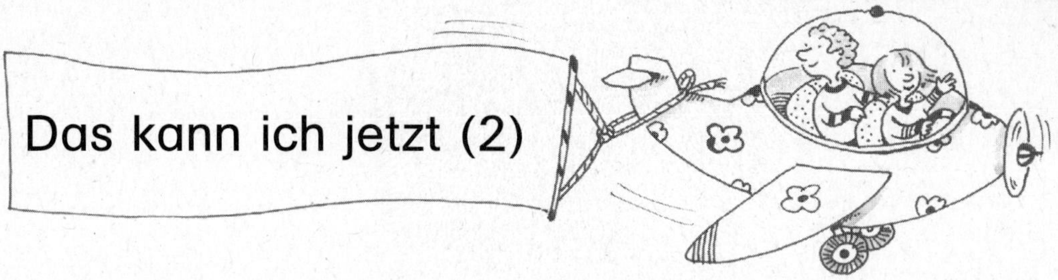

1 Schreibe wenigstens drei passende Adjektive in jede Reihe.

So können Früchte aussehen: ______

So können Früchte schmecken: ______

So können sich Früchte anfühlen: ______

Unser Obstsalat

2 Setze die passenden Adjektive ein.

Für unseren Obstsalat brauchen wir ______ *Kiwis,* ______ *Weintrauben,* ______ *Orangen,* ______ *Äpfel und Birnen, eine* ______ *Zitrone und Nüsse. Bevor wir alles schneiden, müssen wir das* ______ *Obst waschen.*

3 Schreibe wenigstens drei Wörter mit ck auf.

______

______

4 Das habe ich neu gelernt:

______

______

Zu Sprachbuch, Seiten 94/95

Das kann ich jetzt (1)

Gesprächsregeln

1 Was machst du, wenn du im Gespräch etwas sagen willst?

2 Schreibe drei wichtige Gesprächsregeln auf.

Merkwörter

3 Schreibe die Merkwörter zu Ende.

die Kl ____ *das Gespr* ____ *das Th* ____
spre ____ *drank* ____ *durchein* ____

sprechen, er spricht, das Gespräch, die Sprache

4 Schreibe die Wörter ab und kreise den Wortstamm ein.
Übermale farbig, was sich im Wortstamm ändern kann.

5 **Das habe ich neu gelernt.** Schreibe es auf die Rückseite.

Zu KUNTERBUNT Sprachbuch 3, Seiten 4–7

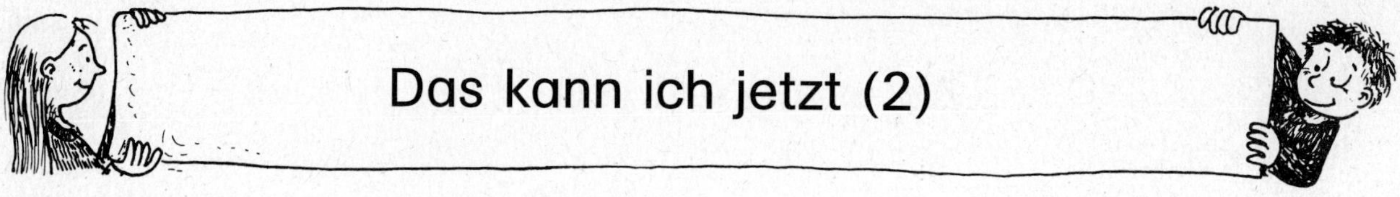

Das kann ich jetzt (2)

Merkwörter

1 In dem Text sind einige Merkwörter falsch geschrieben. Streiche sie durch und schreibe die Wörter richtig darüber.

Streit

Die Kinder müssen klären, wie sie ihren ~~Steit~~ lösen.

Soll einer nachgehen oder sich entschultigen

oder können sich die Kinder eingen und sich vertragen?

Gibt es eine fridliche und faire Lösun?

Briefe für den Klassen-Briefkasten

2 Schreibe die Sätze zu Ende.

Ich finde es ungerecht, dass ____________________

____

Ich schlage vor, dass ____________________

____

Nomen, Verben, Adjektive

3 Schreibe in jede Spalte der Tabelle drei Wörter aus der Schule.

Nomen mit Artikel	Verben	Adjektive

4 **Das habe ich neu gelernt.** Schreibe es auf die Rückseite.

Das kann ich jetzt (1)

Fahrzeuge

1 Schreibe in die Tabelle.

2 Fahrzeuge auf dem Land	2 Fahrzeuge im Wasser	2 Fahrzeuge in der Luft

Satzteile

flitzt | der Rennwagen | durch die Kurve | blitzschnell

2 Schreibe einen Satz mit den Satzteilen.

3 Stelle die Satzteile um.

der Zu● der Flu● das Ra● der We● die Ban●

4 Schreibe so: *viele Züge – ein Zug*

Wortbausteine

an | ein

5 Schreibe mit jedem Wortbaustein zwei Verben in der Grundform auf.

6 **Das habe ich neu gelernt.** Schreibe es auf die Rückseite.

Das kann ich jetzt (2)

Merkwörter

1 Ergänze die Merkwörter.

das Flug ______ , *der Hub* ______ , *der Te* ______ ,

die Fan ______ , *der Pi* ______ , *die Pi* ______ , *m* ______ *mal*

Alles bewegt sich

2 Schreibe immer den zweiten Satz.

Der Teppich fliegt. *Es ist ein fliegender* ______ .

Das Boot schaukelt. *Es ist ein* ______ .

Der Ballon steigt. *Es* ______ .

Wer mag was?

3 Setze die passenden Formen von mögen ein.

Marie		besonders gern	Geschichten vom Fliegen.
Wir		keine langen Autofahrten	in den Ferien.
Ihr		bestimmt	bunte Fesselballons.
	du	das Essen im Flugzeug	gern?

4 Stelle in einem Satz von Aufgabe **3** die Satzteile einmal um.

______

______

5 **Das habe ich neu gelernt.** Schreibe es auf die Rückseite.

Zu KUNTERBUNT Sprachbuch 3, Seiten 18/19

Das kann ich jetzt (1)

Märchenspruch

1 Schreibe einen Märchenspruch mit dem dazu passenden Märchentitel auf.

Merkwörter

2 In dem Text sind einige Merkwörter falsch geschrieben. Streiche sie durch und schreibe die Wörter richtig darüber.

Vor lange Zeit lebte einmal eine wuderschöne Prinzesin in einem

goldenen Schoss. Ein schrecklischer Drache befachte sie.

Wörterliste

lebte, lachte, kam, verzauberte, fuhr, fiel, roch, weinte, ging, flog

3 Wie findest du diese Verben in der Wörterliste?
Schreibe so: *lebte – leben*

4 **Das habe ich neu gelernt.** Schreibe es auf die Rückseite.

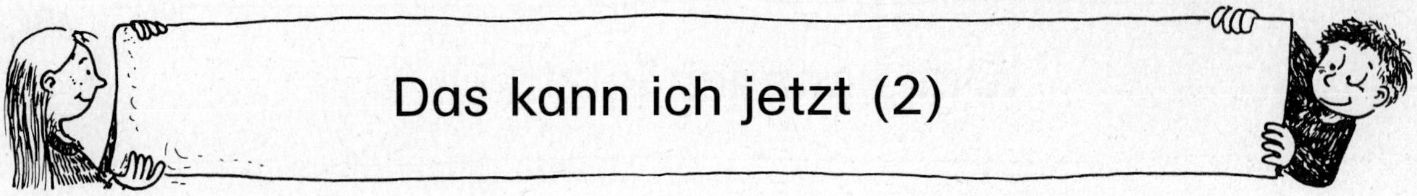

Das kann ich jetzt (2)

1 Schreibe drei Wörter mit dem Wortbaustein ver- auf.

2 Unterstreiche alle Verben im Text. Schreibe von jedem Verb die Grundform auf.

Die gute Fee

Vor langer Zeit lebte einmal ein kleiner Riese. Jeden Tag weinte er bitterlich, weil er sich so alleine fühlte. Eines Tages traf er eine gute Fee. Sie fragte ihn, warum er so herzerweichend heulte. Als der Riese ihr alles erzählte, zeigte sie Mitleid und verwandelte sich selbst in eine kleine Riesenfrau. Daraufhin lebten sie glücklich und zufrieden zusammen.

Märchensatz

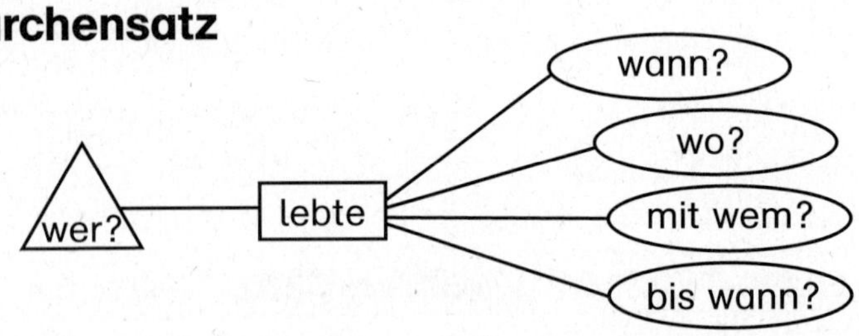

3 Frage mit dem Satzkern nach Ergänzungen. Schreibe einen Satz auf.

4 Stelle die Satzteile einmal um und schreibe den Satz auf.

5 **Das habe ich neu gelernt.** Schreibe es auf die Rückseite.

Zu KUNTERBUNT Sprachbuch 3, Seiten 25–29

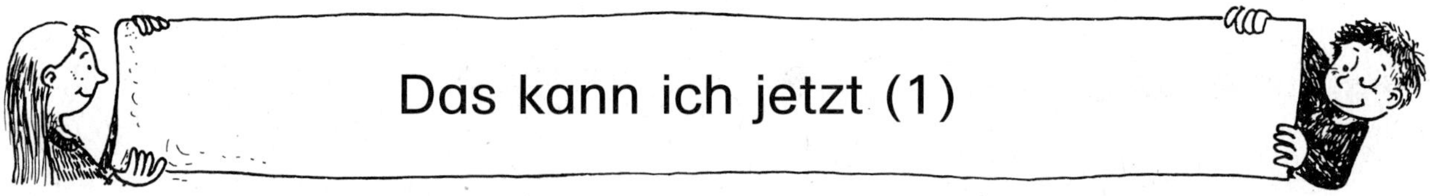

Das kann ich jetzt (1)

Meine Lieblingssendung

1 Schreibe den Titel deiner Lieblingssendung auf und zwei Gründe, warum sie dir so gut gefällt.

Sie heißt: ______________________

Ich finde die Sendung gut,

weil ______________________

weil ______________________.

Wann war das?

2 Nummeriere die Sätze nach der zeitlichen Reihenfolge.
Woran erkennst du, wann es passiert ist? Übermale diese Wörter.

	Morgen kommt meine Lieblingssendung.
	Vor zwei Tagen gab es einen lustigen Trickfilm.
	Heute sieht mein Vater Fußball.

Erfindung – erfinden

3 Schreibe das dazugehörige Verb daneben.
Kreise den Wortstamm ein.

die Erfindung – *erfinden*

die Zeichnung – ______

die Ordnung – ______

die Wanderung – ______

die Erzählung – ______

die Werbung – ______

die Rechnung – ______

die Sendung – ______

die Bewegung – ______

die Wohnung – ______

4 **Das habe ich neu gelernt.** Schreibe es auf die Rückseite.

Das kann ich jetzt (2)

Merkwörter

1 In dem Text sind einige Merkwörter falsch geschrieben.
Streiche sie durch und schreibe die Wörter richtig darüber.

Liebe Zuschauinnen und Zuschauer!

Heute beginn unser Program mit den Nachrischten.

Unsere Moderetorin ist die Eva.

2 Welche Themen können in einem Klassenmagazin vorkommen?

Satz erweitern

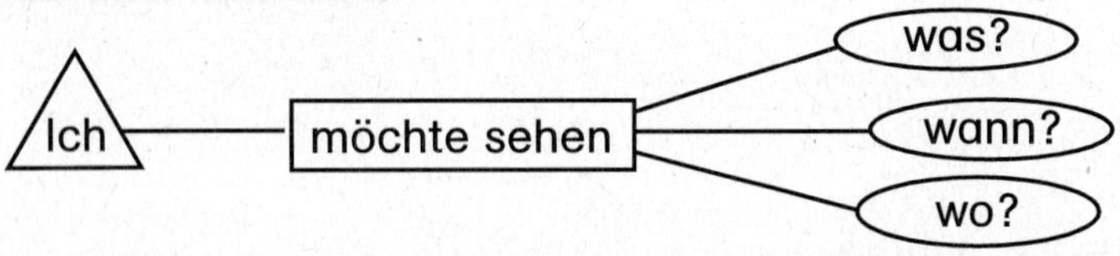

3 Erweitere den Satz und schreibe ihn auf.
Stelle danach den Satz einmal um.

4 **Das habe ich neu gelernt.** Schreibe es auf die Rückseite.

Das kann ich jetzt (1)

Verwandte Adjektive

1 Schreibe die verwandten Adjektive zu den Nomen.
Übermale den Wortstamm. Finde zwei weitere Wortpaare.

die Fröhlichkeit – ______ *das Glück –* ______

die Wut – ______ *die Angst –* ______

______ ______

Merkwörter

2 Streiche die falsch geschriebenen Merkwörter durch und schreibe sie richtig darüber.

Wenn Jan wütemd auf Lukas isst, füllt Lukas sich trarig.

Manchmeil mus er auch weinen. Dan will er alein sein.

ck-Wörter

3 Schreibe sechs Wörter mit ck auf.

______

______

Verwandte Nomen

4 Bilde zu den Adjektiven verwandte Nomen mit dem Wortbaustein -heit am Ende. Finde zwei weitere Wortpaare.

gesund – die ______ *wahr – die* ______

klug – die ______ *frei – die* ______

______ ______

5 **Das habe ich neu gelernt.** Schreibe es auf die Rückseite.

Das kann ich jetzt (2)

Verwandte Wörter

1 Schreibe zu jedem Wort ein verwandtes Wort.

schmerzhaft – ____________ *die Krankheit* – ____________

husten – ____________ *die Gesundheit* – ____________

fiebrig – ____________ *die Ärztin* – ____________

Merkwörter

2 Streiche die falsch geschriebenen Merkwörter durch und schreibe sie richtig darüber.

Laura hat husten, Schmezen im Hals und hoches Fiber.

Die Arztin kommt und untersuckt Laura.

Abc

der Husten, der Hals, das Hochbett, die Haut, die Hilfe, die Heilsalbe

3 Ordne die Wörter nach dem Abc.

____

____

Einen Satz bilden

4 Bilde einen Satz mit dem Satzkern untersucht. Erfrage wenigstens drei Ergänzungen.

____

____

____

5 **Das habe ich neu gelernt.** Schreibe es auf die Rückseite.

Das kann ich jetzt (1)

Erfindung aus der Schultasche

1. Nenne eine Erfindung, die du in deiner Schultasche gefunden hast.

2. Schreibe, wozu dir diese Erfindung nützlich ist.

Merkwörter

3. Streiche die falsch geschriebenen Wörter durch und schreibe sie richtig darüber.

Die Kinda bringen fiele Bücher über Efindungen mit.

Anne und Tim bericht, wie die Druckerei erfunten worden is.

Sätze bauen

| einen Bericht | Luca und Pia | über eine wichtige Erfindung | schreiben |

4. Baue die Satzteile zu einem richtigen Satz zusammen.

5. Stelle die Satzteile einmal um und schreibe den Satz auf.

6. **Das habe ich neu gelernt.** Schreibe es auf die Rückseite.

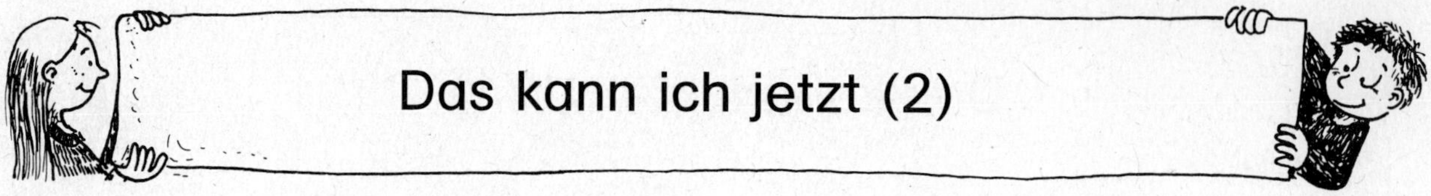

Das kann ich jetzt (2)

Erfindungen

1 Schreibe auf, was die Menschen getan haben, als es diese Erfindungen noch nicht gab.

Telefon: ______

______

______

Waschmaschine: ______

______

______

2 Warum schreibt man Fahrrad mit rr?

______

Sätze ergänzen

3 Wer macht was? Ergänze die Sätze.

Die Kinder ______ ______.

______ *erfindet* ______.

______ ______ *mit dem Fahrrad in die Schule.*

Sabrina ______ ______.

4 **Das habe ich neu gelernt.** Schreibe es auf die Rückseite.

Zu KUNTERBUNT Sprachbuch 3, Seiten 50–53

Das kann ich jetzt (1)

Sachen von früher

1 Sammle wenigstens fünf Wörter für das Wortfeld.

Sachen von früher

2 Schreibe fünf Sätze über die Vergangenheit.
Benutze die Verben in der kurzen Vergangenheitsform.

Reise mit der Zeitmaschine

3 Wohin würdest du mit einer Zeitmaschine reisen?

4 Warum willst du in diese Zeit reisen?

5 **Das habe ich neu gelernt.** Schreibe es auf die Rückseite.

Zu KUNTERBUNT Sprachbuch 3, Seiten 56/57

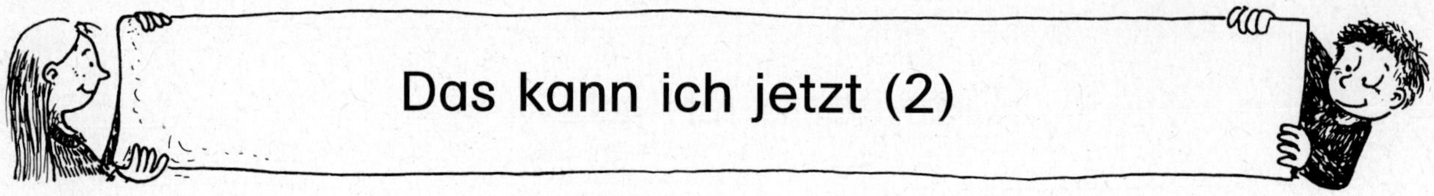

Das kann ich jetzt (2)

Spuren von früher

1 Welche Spuren von früher kennst du in deinem Heimatort?

____

____

____

2 Schreibe drei Sätze zur Geschichte deines Heimatortes. Schreibe in der kurzen Vergangenheitsform.

____

____

____

____

____

____

Merkwörter

3 Schreibe die Merkwörter zu Ende.

*das Mus*_____, *die Füh*_____, *überl*_____, *näm*_____

*die Stra*_____, *das Rat*_____, *das Mittel*_____

4 Schreibe zwei englische Wörter auf, die wir heute oft benutzen.

____

5 **Das habe ich neu gelernt.** Schreibe es auf die Rückseite.

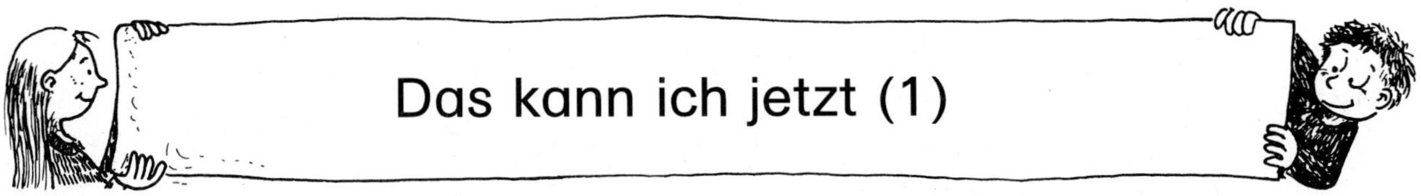

Das kann ich jetzt (1)

Cluster

1 Was fällt dir dazu ein? Schreibe deine Ideen als Cluster auf.

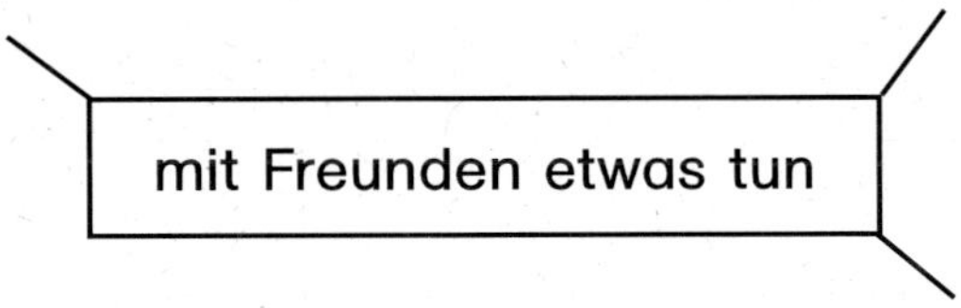

Texte schreiben

2 Ein anderes Kind liest dir seinen Text vor. Worauf achtest du beim ersten Vorlesen? Schreibe drei wichtige Fragen auf.

Wichtige Wörter kennen

3 Schreibe wenigstens fünf Berufe auf, die für uns alle wichtig sind. Überprüfe, ob du sie richtig aufgeschrieben hast.

Merkwörter

ORDNEN PACKEN GEPÄCK MORGENS ORDNUNG

4 Schreibe die Merkwörter auf. Beachte die Groß- und Kleinschreibung.

5 **Das habe ich neu gelernt.** Schreibe es auf die Rückseite.

Das kann ich jetzt (2)

Briefe schreiben

1 Du möchtest Frank aus Koblenz einen Brief schreiben.
Sein Nachname ist Lehmann. Er wohnt in der Parkstraße. Das Haus hat die Nummer 15.
Die Postleitzahl für diesen Bezirk ist 56075.
Schreibe die Adresse.

2 Wie könnte dein Brief anfangen?

3 Wie könnte dein Brief enden?

Merkwörter

4 Finde wenigstens fünf verwandte Wörter zum Merkwort Brief.

5 Schreibe die Merkwörter zu Ende.

telefo ______ *je* ______ *viel* ______

Ad ______ *and* ______

6 **Das habe ich neu gelernt.** Schreibe es auf die Rückseite.

Zu KUNTERBUNT Sprachbuch 3, Seiten 68/69

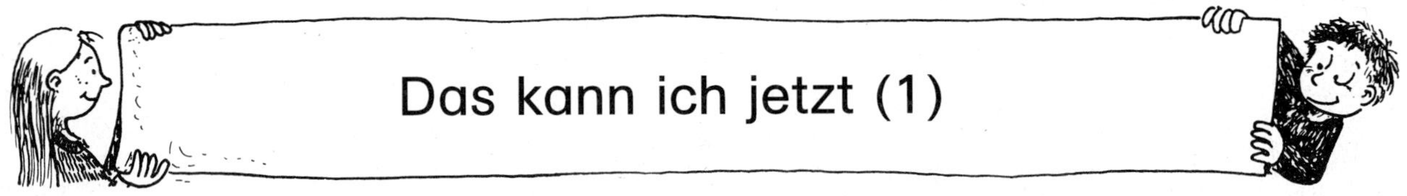

Das kann ich jetzt (1)

Wetter

1 Sammle wenigstens zehn Wörter für das Wortfeld.
Achte darauf, dass sie richtig geschrieben sind.

Wetter

Wortstämme

Blitz – blitzen – der Blitzschlag – potzblitz

scheinen – der Sonnenschein – schien – der Mondschein

regnerisch – Dauerregen – Regenwurm – Regenwetter – regnen

2 Kreise in jeder Reihe bei allen Wörtern den Wortstamm ein.

dunkel, Donner, nass, Regen, hell, prasseln, Gewitter, schauen, scheinen

3 Ordne die Wörter in die Tabelle ein.

Nomen	Verben	Adjektive

4 **Das habe ich neu gelernt.** Schreibe es auf die Rückseite.

Das kann ich jetzt (2)

Merkwörter

1 Schreibe die Merkwörter zu Ende.

*der Aus*______ *die Wettervor*______ *reg*______

*unge*______ *der Regensch*______ *we*______

Wettervorhersagen

2 Unterstreiche die Wörter, an denen man erkennt, dass Zukünftiges beschrieben wird.

Am Nachmittag werden sich Wolken bilden.
Abends wird es ein Gewitter geben.
In der kommenden Nacht wird es regnen.
Bald soll wieder die Sonne scheinen.
Am nächsten Wochenende wird es warm.

am wärmsten	heißer	am frischesten	frischer
am windigsten	nasser	wärmer	am kältesten
am nassesten	am heißesten	kälter	windiger

3 Ordne die Adjektive richtig zu.

warm ______

heiß ______

nass ______

kalt ______

frisch ______

windig ______

4 **Das habe ich neu gelernt.** Schreibe es auf die Rückseite.

Zu KUNTERBUNT Sprachbuch 3, Seiten 74/75

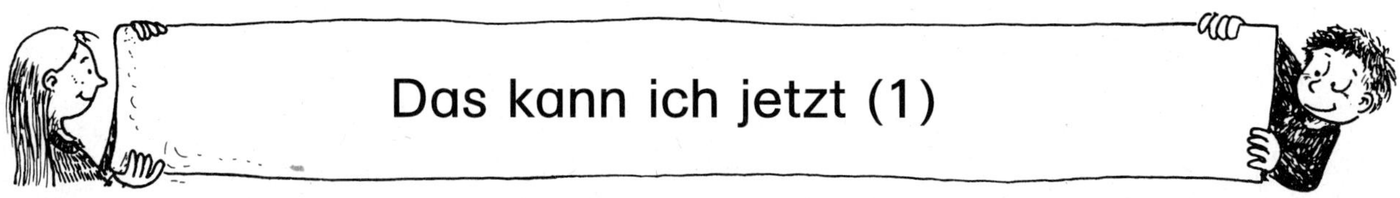

Das kann ich jetzt (1)

1 Sammle wenigstens fünf Wörter für das Wortfeld.

reisen

2 Schreibe wenigstens fünf verwandte Wörter zu spielen auf.

Pfirsichkerne

3 Ersetze einige Nomen durch Pronomen, so dass der Text gut klingt. Streiche die Nomen im Text durch und schreibe das passende Pronomen darüber.

Die Kinder stellen sich an einer Linie auf. Von dort aus werfen die Kinder abwechselnd mit Pfirsichkernen. Die Kinder müssen versuchen mit ihren Pfirsichkernen einen fünf Meter entfernten Pfirsichkern zu treffen. Gelingt das einem Kind, darf das Kind alle bereits geworfenen Pfirsichkerne einsammeln. Gewinner ist das Kind, welches am Ende die meisten Pfirsichkerne eingesammelt hat.

4 **Das habe ich neu gelernt.** Schreibe es auf die Rückseite.

Das kann ich jetzt (2)

Merkwörter

1 Streiche die falsch geschriebenen Wörter durch und schreibe sie richtig in die Zeile darüber.

Die Kinder haben zum Klasenfest Scones gebaken und Krauterquak

gemacht. Die Speisen wurden mit Fänchen dekeriert.

2 Schreibe fünf verwandte Wörter zu backen auf.

Einladung

Das Fest heißt: Rund um die Welt	Beginn: 16:00 Uhr
Klasse 3d soll eingeladen werden	Ende: 18:00 Uhr
Raum: unser Klassenraum	Einladung von der 3a

3 Schreibe mit den Informationen eine Einladung.

4 **Das habe ich neu gelernt.** Schreibe es auf die Rückseite.

Das kann ich jetzt (1)

Fragen stellen

1 Stelle passende Fragen zu diesen Antworten.

____

Die Müllmänner holen einmal im Monat den Sperrmüll ab.

____

Der meiste Müll wird auf Deponien gelagert.

____

Wir sammeln den Abfall getrennt, weil er dann besser wiederverwendet werden kann.

Mit Adjektiven vergleichen

2 Schreibe in die Tabelle zwei Adjektive und ihre Vergleichsstufen.

Grundform	1.Vergleichsstufe	2.Vergleichsstufe

Merkwörter

3 In dem Text sind einige Merkwörter falsch geschrieben.
Streiche sie durch und schreibe die Wörter richtig darüber.

Nach der Früstückspause samelt Ina den Abfall ein.

Sie brint die Obstreste und Schalen auf den Kommpost.

Sie nimt auch verblüte Pflanzen mit.

4 **Das habe ich neu gelernt.** Schreibe es auf die Rückseite.

Das kann ich jetzt (2)

Müll-Wörter

Müll

1 Sammle wenigstens zehn Wörter für das Wortfeld. Schreibe nur Wörter, bei denen du sicher bist, dass du sie richtig schreiben kannst.

Das i wird lang gesprochen

2 Finde für jede Spalte Beispiele.

ie	ih	i

Müllabfuhr, Mülltonne, Müllmann, Müllcontainer, Mülleimer, Mülldeponie

3 Ordne die Wörter nach dem Abc.

4 **Das habe ich neu gelernt.** Schreibe es auf die Rückseite.

Das kann ich jetzt (1)

Klassensprecher

1 Welche Aufgaben sollten ein Klassensprecher oder eine Klassensprecherin haben? Schreibe eine wichtige Aufgabe auf und begründe deine Meinung.

____

____

____

____

2 Wie heißen die Lösungswörter?

~~4~~

~~5~~

~~1~~ R

~~2, 3, 4~~

____________________ ____________________

Merkwörter

3 Wie kannst du Merkwörter üben? Nenne wenigstens drei Möglichkeiten.

____

____

____

4 Schreibe zu jedem Merkwort ein kürzeres verwandtes Nomen.

abstimmen ____________________

auszählen ____________________

beraten ____________________

5 **Das habe ich neu gelernt.** Schreibe es auf die Rückseite.

Zu Sprachbuch, Seiten 4–7

Das kann ich jetzt (2)

Allein auf einer Insel

1 Wie kam der Mann auf die einsame Insel?

2 Eine Geschichte geht so zu Ende: Eines Tages sah der Mann ein Schiff. So wurde er gerettet. Schreibe auf, was du an dem Schluss verändern würdest.

Merkwörter

Auf dem weiten Mer geschah ein Unglük.

Robinson schamm auf eine eisame Insel.

Er ernerte sich von Wurzeln und baute sich zum Schuzz eine Hüte.

3 Streiche die falsch geschriebenen Merkwörter durch und schreibe sie richtig darüber.

4 Erkläre bei zwei Wörtern, warum sie so geschrieben werden.

5 **Das habe ich neu gelernt.** Schreibe es auf die Rückseite.

Zu Sprachbuch, Seiten 8–11

Das kann ich jetzt (1)

Fahrradgeschichten

1 Schreibe eine kleine Fahrradgeschichte.

Wie fängt sie an?	______________________________ ______________________________
Was passiert?	______________________________ ______________________________ ______________________________ ______________________________ ______________________________
Wie hört sie auf?	______________________________ ______________________________

2 Ergänze die Sätze mit einer Wer-Ergänzung:

______________________________ *hat rote Zöpfe und wohnt in der Villa Kunterbunt.*

______________________________ *verirrten sich im Wald und kamen an ein Hexenhaus.*

______________________________ *ist ein Dino und gehört zum KUNTERBUNT-Sprachbuch.*

Merkwörter

3 Schreibe die Merkwörter zu Ende.

*die Fahrradt*__________ *die Radwanderk*__________ *der Regensch*__________ *aufp*__________

*der Rei*__________ *repar*__________ *die Glo*__________ *der Hel*__________

4 **Das habe ich neu gelernt.** Schreibe es auf die Rückseite.

Zu Sprachbuch, Seiten 14/15

Das kann ich jetzt (2)

Fahrrad-Teile

1 Welche Teile *muss* ein Fahrrad haben, damit es fahren kann und verkehrssicher ist? Schreibe nur solche Wörter, die du sicher schreiben kannst. Findest du wenigstens zehn Wörter?

Sätze bilden

sitzt fest – leuchtet – dreht sich – kann klappern

2 Ergänze zu jedem Satzkern (Prädikat) ein Subjekt.
Du kannst den Satz auch noch weiter ergänzen.

Das kleine blaue Fahrrad

Das kleine blaue Fahrrad war ein normales blau lackiertes Rad.

Es hatte schon den Affen am Südpol das Radfahren beigebracht.

So etwas macht es aber nur, wenn man streng mit ihm redet:

„Hallo, kleines blaues Fahrrad. Ich will zum Mond. Nun aber flott!"

3 Streiche die falschen Stellen im Text durch und schreibe das Richtige darüber.

4 **Das habe ich neu gelernt.** Schreibe es auf die Rückseite.

Das kann ich jetzt (1)

Eine Geschichte aus deiner Grundschulzeit

1 Nenne die Überschrift für eine Geschichte aus deiner Grundschulzeit.

____

2 Beschreibe in einem Satz, worum es in deiner Geschichte geht.

____

____

Merkwörter

3 Finde zu jedem Nomen ein verwandtes Verb.

die Erinnerung ____________ *die Einleitung* ____________

der Ausdruck ____________ *der Inhalt* ____________

der Schluss ____________ *die Rechtschreibung* ____________

Sätze mit dass

Ich erinnere mich, dass ... Ich behaupte, dass ... Ich weiß, dass ...

4 Schreibe fünf Sätze mit diesen Satzanfängen.

____

____

____

____

____

____

____

____

5 **Das habe ich neu gelernt.** Schreibe es auf die Rückseite.

Zu Sprachbuch, Seiten 24/25

Das kann ich jetzt (2)

Schule früher und in Zukunft

1 Schreibe zwei Sätze, wie Schule in früheren Zeiten war.

2 Schreibe zwei Sätze, wie du dir Schule in der Zukunft vorstellst.

Merkwörter

3 Schreibe die Sätze zu Ende.

Ein Laptop ist ______

Eine SMS ______

Ein Handy ______

Sätze bauen

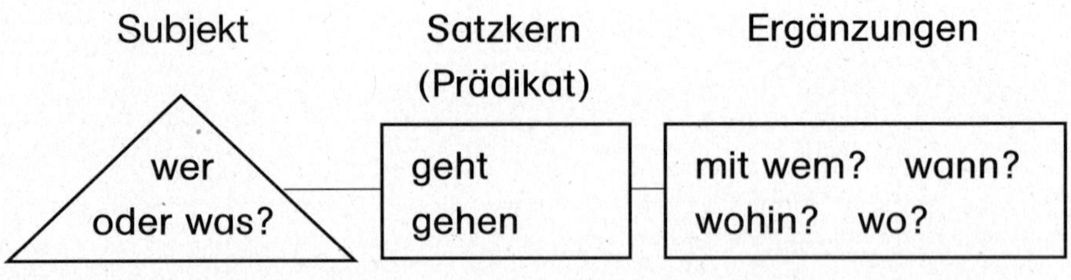

4 Schreibe vier Sätze.

5 **Das habe ich neu gelernt.** Schreibe es auf die Rückseite.

Zu Sprachbuch, Seiten 26/27

Das kann ich jetzt (1)

Was wird gesprochen?

Eines Tages flog der Rabe dem Zauberer auf die Schulter und krächzte: Kannst du auch etwas für mich zaubern? Der Zauberer fragte: Was hast du dir denn vorgestellt? Der Rabe antwortete: Jemanden, der mir immer zuhört und der so gut aussieht wie ich. Der Zauberer lächelte und sprach: Hiermit sei dein Wunsch erfüllt, sprich mit deinem Spiegelbild! Schon hielt der Zauberer einen großen Spiegel in seiner Hand, den er lächelnd dem Raben gab. Beleidigt schaute der Rabe den Zauberer an und murmelte: Na toll!

1 Unterstreiche im Text die Begleitsätze blau und ergänze die Redezeichen rot.

Wer schaute verblüfft? ______________________________

In wessen Hand war plötzlich ein Spiegel? ______________________________

Wem flog der Rabe auf die Schulter? ______________________________

Wen schaute der Rabe beleidigt an? ______________________________

2 Unterstreiche die Fragewörter. Finde in dem Text die Antworten auf die Fragen.

Wortfeld

sagen

3 Fülle das Wortfeld mit wenigstens fünf Wörtern.

4 **Das habe ich neu gelernt.** Schreibe es auf die Rückseite.

Zu Sprachbuch, Seiten 30–33

Das kann ich jetzt (2)

Verbformen

1 Ergänze die Tabelle.

Grundform	Gegenwartsform	lange Vergangenheitsform
______	______	*ich habe zugeschaut*
______	*wir spielen vor*	______
______	*sie überlegen*	______
finden	*du* ______	______

Merkwörter

Heute füren die Kinder der virten Klasse ihre Geschichten in einem Schattentheater auf. Alle sint schon aufgerekt, aber die Fieguren sehen toll aus. Auch der Raum ist mit Liechterketen und Tüchern geheimnisfol dekoriert.

2 Streiche die falsch geschriebenen Merkwörter durch. Schreibe sie richtig darüber.

3 Erkläre bei zwei Wörtern, warum sie so geschrieben werden.

______

______

Schattentheater

4 Was gehört alles zu einem Schattentheater? Schreibe wenigstens sieben Wörter auf. Schreibe nur Wörter, die du sicher schreiben kannst.

______

______

______

______

______

5 **Das habe ich neu gelernt.** Schreibe es auf die Rückseite.

Zu Sprachbuch, Seiten 34/35

Das kann ich jetzt (1)

Ich bin gerne, was ich bin – oder?

1 Schreibe, warum du gerne – oder nicht gerne – ein Mädchen oder ein Junge bist. Schreibe zwei Sätze.

____

____

____

Wer tut was gern?

2 Schreibe je einen Satz: Was Mädchen gern tun, was Jungen gern tun, was Jungen und Mädchen gern tun.

____

____

____

Coole Wörter

3 Schreibe sechs Wörter aus der englischen Sprache, die du oft benutzt.

____

____

Verbformen

4 Trage die Verbformen in die Tabelle ein. Kreise immer den Wortstamm ein.

	Gegenwartsform	lange Vergangenheitsform	kurze Vergangenheitsform
tragen	*ich*	*ich*	*ich*
treffen	*er*	*er*	*er*

5 **Das habe ich neu gelernt.** Schreibe es auf die Rückseite.

Zu Sprachbuch, Seiten 38–40

Das kann ich jetzt (2)

Was ist hier los?

1 Was sprechen die beiden wohl?

____

____

____

Redezeichen

2 Unterstreiche die wörtliche Rede und setze die Redezeichen.

Benni ruft seine Schwester Kommst du bald? Gleich! antwortet Inga.

Benni fragt Wann ist gleich?

Verantwortlich sein

3 Schreibe die Sätze zu Ende.

Mit fünf Jahren war ich verantwortlich für ______________________________

____

Jetzt bin ich verantwortlich für ______________________________

____

Merkwörter

Inga hat Benni verssprochen, ihm bei den Hausaufgaben behilflig zu sein. Benni ruft umgeduldig nach ir. Aber Inga hat immer eine andere ausrede. Benni ist entäuscht. Mutter schinpft: „Du hast im dein Wort gegeben und bist nun verantwortlich.“

4 Streiche die falsch geschriebenen Merkwörter durch. Schreibe sie richtig darüber.

5 Erkläre bei zwei Wörtern, warum sie so geschrieben werden.

____

____

6 **Das habe ich neu gelernt.** Schreibe es auf die Rückseite.

Zu Sprachbuch, Seiten 41–43

Das kann ich jetzt (1)

Ein Reiseziel

1 Nenne ein Land, das dich interessiert oder in das du gerne reisen würdest.

2 Schreibe drei Sätze über dieses Land.

Merkwörter

all - at - at - ber - bir - bo - de - den - erd - erd - fach - fluss - flüs - ge - ge - kar - kun - lan - land - las - lieb - lings - schät - se - te - teil - ten - ü - ze

3 Setze die Silben zu Merkwörtern zusammen. Schreibe jedes Nomen mit Artikel auf.

Quizfragen

4 Schreibe die Fragesätze für ein Weltreise-Quiz zu Ende.

Wie hoch ______________________________ ?

Wie lang ______________________________ ?

Was ist ______________________________ ?

Wo steht ______________________________ ?

Wo gibt es ______________________________ ?

5 **Das habe ich neu gelernt.** Schreibe es auf die Rückseite.

Zu Sprachbuch, Seiten 46/47

Das kann ich jetzt (2)

Ein Roman

1 Nenne den Titel und den Autor oder die Autorin eines Romans, den du gelesen hast.

____

2 Beschreibe kurz, worum es in diesem Roman geht.

____

____

____

Merkwörter

3 Finde zu jedem Nomen ein verwandtes Wort, das kein Nomen ist.

die Begeisterung ____________ *die Gier* ____________

der Jugendliche ____________ *der Sohn* ____________

die Erzählung ____________ *die Spannung* ____________

der Zauberlehrling ____________ *die Schlinge* ____________

Sätze bauen

| rettete sich | Robinson Crusoe | in der Südsee |
| nach einem Schiffbruch | auf eine einsame Insel | |

4 Baue die Satzteile zu einem Satz zusammen.

____

____

5 Stelle die Satzteile um und schreibe einen veränderten Satz.

____

____

6 **Das habe ich neu gelernt.** Schreibe es auf die Rückseite.

Zu Sprachbuch, Seiten 48–51

Das kann ich jetzt (1)

Archäologie

1 Schreibe auf, was ein Archäologe oder eine Archäologin tut:

Mittelalter

2 Nenne einen Gegenstand (Werkzeug, Waffe, Kleidungsstück ...) aus dem Mittelalter. Beschreibe kurz, welche Bedeutung der Gegenstand hatte oder welchen Zweck er erfüllte.

Merkwörter

In der Ritterzeit waren Bücher und Dukumente sehr wertfoll. In den Klößtern arbeiteten Mönsche, die Bücher mit Schreipfeder und Tinte kopirten. Oft wurde der erste Buchstabe farbik und kumstvoll geschrieben.

3 Streiche die falsch geschriebenen Merkwörter durch. Schreibe sie richtig darüber.

4 Erkläre bei zwei Wörtern, warum sie so geschrieben werden.

5 **Das habe ich neu gelernt.** Schreibe es auf die Rückseite.

Zu Sprachbuch, Seiten 54–57

Das kann ich jetzt (2)

Reise in die Vergangenheit

1 Welches Thema aus der Geschichte interessiert dich besonders? Beschreibe kurz, was du dazu weißt.

Merkwörter

2 Finde zusammengesetzte Nomen für die Tabelle.

Burg-/-burg	Ritter-/-ritter

Ergänzungen im Wem-Fall

das Schwert – die Augenklappe – der Zaubertrank – der Tomahawk	der Pirat – der Indianerhäuptling – Asterix – der Ritter

3 Frage und antworte:

Wem gehört das Schwert? Das Schwert gehört

4 **Das habe ich neu gelernt.** Schreibe es auf die Rückseite.

Zu Sprachbuch, Seiten 58/59

Das kann ich jetzt (1)

Naturforschungen

1 Schreibe vier Tiernamen auf, die sich aus zwei Wörtern zusammensetzen.

______________________ ______________________

______________________ ______________________

2 Schreibe die Sätze zu Ende.

Brennnesseln wachsen fast überall, weil ______________________

____

Brennnesseln sind Heilpflanzen, weil ______________________

____

3 Schreibe wenigstens sechs Fachwörter für Tiere in die Tabelle.

Mund	Ohren	Haut	Füße	Gliedmaßen

Sätze bauen

4 Bilde zwei Sätze mit dem Satzkern (Prädikat) frisst und schreibe sie auf. Unterstreiche die Ergänzung im Wen-oder-was-Fall grün.

____

____

____

____

5 **Das habe ich neu gelernt.** Schreibe es auf die Rückseite.

Zu Sprachbuch, Seiten 62–65

Das kann ich jetzt (2)

Merkwörter

Im Bat und im Keler sind besonders viele Hauspinnen. Sie sitzen Bewegungslos in ihrem Nez. Mücken und Fligen sind ihre beute.

1 Streiche die falsch geschriebenen Merkwörter durch. Schreibe sie richtig darüber.

2 Erkläre bei zwei Wörtern, warum sie so geschrieben werden.

____

____

Teekesselchen

3 Warum ist das Wort Maus ein Teekesselchen?

____

____

4 Schreibe ein weiteres Teekesselchen auf und erkläre es.

____

____

Einen Text überarbeiten

Eichhörnchen halten ihr Essen in ihren Händen. Sie öffnen die Schalen der Nüsse mit den spitzen Zähnen in ihrem Mund. Auch ihre Zeh- und Fingernägel sind spitz. Das Eichhörnchen trägt eine Haut mit roten, schwarzen oder braunen Haaren.

4 Überarbeite den Text. Streiche ungenaue Wörter durch und schreibe die Fachwörter darüber.

5 **Das habe ich neu gelernt.** Schreibe es auf die Rückseite.

Zu Sprachbuch, Seiten 66–69

Das kann ich jetzt (1)

Über Berufe informieren

1 Schreibe vier Sätze zu einem Beruf auf, über den du dich informiert hast.

2 Du möchtest ein Interview führen. Nenne mindestens vier Arbeitsschritte, die dazu wichtig sind.

Merkwörter

Die Tierpflegerin reinicht und reparirt alle Stelle.

Auserdem muss sie täklich frisches Futter zubehreiten

und sich um die kranken Tiere kümmen.

3 Streiche die falsch geschriebenen Merkwörter durch. Schreibe sie richtig darüber.

4 Erkläre bei zwei Wörtern, warum sie so geschrieben werden.

5 **Das habe ich neu gelernt.** Schreibe es auf die Rückseite.

Zu Sprachbuch, Seiten 72–75

Das kann ich jetzt (2)

Sätze bilden

Der Tierpfleger wäscht.
Er gibt.
Er bürstet.

das Fell	die Ohren
zwei Bananen	dem Elefanten
dem Gorilla	dem Wildpferd

1 Schreibe drei sinnvolle Sätze auf und unterstreiche die Wem-Ergänzungen grün.

Briefe schreiben

sehr geehrte damen und herren,

wir schreiben ihnen, weil wir ihre organisation

unterstützen möchten. wir bitten sie, uns informationen

über ihre arbeit zu schicken.

viele grüße

ihre klasse 4b

2 Schreibe die Sätze in großen und kleinen Buchstaben in die Zeile darüber.
Unterstreiche die Anredepronomen.

Merkwörter

3 Schreibe die Merkwörter zu Ende.

*au*________ *das Fu*________ *kü*________

*re*________ *tro*________ *tä*________

4 **Das habe ich neu gelernt.** Schreibe es auf die Rückseite.

Zu Sprachbuch, Seiten 76/77

Das kann ich jetzt (1)

Sich verstehen

1 Was ist wichtig, damit sich Menschen verstehen? Schreibe drei Sätze auf.

Kommunikationsmodell

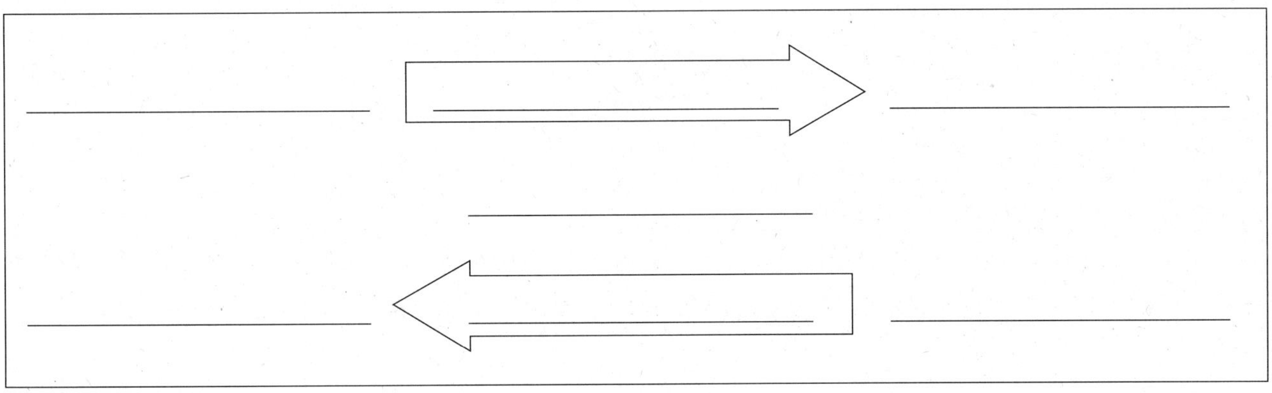

2 Trage die fehlenden Begriffe in das Kommunikationsmodell ein.

Merkwörter

In manchen Situazionen sprechen Mia und Jens fast gleichzeitich. Wenn sie sich unterhaltn, ist Mia manchmal Sprecharin und manchmal Höhrerin. Ist Mia traurig, verziet Jens sein Gesicht, bis sie schlieslich wieder lacht.

3 Streiche die falsch geschriebenen Merkwörter durch. Schreibe sie richtig darüber.

4 Erkläre bei zwei Wörtern, warum sie so geschrieben werden.

5 **Das habe ich neu gelernt.** Schreibe es auf die Rückseite.

Zu Sprachbuch, Seiten 80–83

Das kann ich jetzt (2)

Eine Geheimbotschaft

BVA DTGG GBVAM DHFFXG

1 Entschlüssle die Botschaft. Nutze dazu eine der beiden Cäsarscheiben.

___

Verschlüsseln – entschlüsseln

2 Was bedeutet es, eine Botschaft zu verschlüsseln und zu entschlüsseln? Erkläre die Verben mit anderen Worten.

___

___

3 Finde drei weitere Wörter mit dem Wortbaustein Ent-/ent- und drei weitere Wörter mit dem Wortbaustein Ver-/ver-.

___

___

Merkwörter

4 Schreibe die Merkwörter zu Ende.

*der Em*___	*das Jah*___
*bes*___	*versch*___
*über*___	*geh*___

5 **Das habe ich neu gelernt.** Schreibe es auf die Rückseite.

Zu Sprachbuch, Seiten 84/85

Das kann ich jetzt (1)

Werbeanzeige

Hol dir den Fitmacher! Hol dir Fitkick! fit – fitter – Fitkick

1 Beantworte die Fragen.

Wofür wird hier geworben? ______________________________

Welche Information darüber gibt die Anzeige? ______________________________

____

Wer wird hier angesprochen? ______________________________

Was wird versprochen? ______________________________

____

Merkwörter

Jedes H____rgel soll die F____sur am besten formen, supe____ark

fri____sen und toll gl____en. Alle Müsl____gel sollen kna____ und

le____er sein. Alle Fru____säfte sollen herrlich er____ischen.

2 Ergänze die fehlenden Buchstaben.

Satzteile

Die Filmwerbung verspricht allen Zuschauern beste Unterhaltung.

3 Unterstreiche den Satzkern (Prädikat) rot, das Subjekt blau, die Wem-Ergänzung und die Wen-oder-was-Ergänzung grün.

4 Stelle die Satzteile einmal um und unterstreiche sie entsprechend.

____

____

5 **Das habe ich neu gelernt.** Schreibe es auf die Rückseite.

Zu Sprachbuch, Seiten 88–91

Das kann ich jetzt (2)

Werbespot

1 Schreibe einen Werbespruch für einen besonderen Stift. Überlege:

Wie soll dein Stift heißen? ______________________________

Wen soll die Werbung ansprechen? ______________________________

Was soll der Stift Besonderes haben? ______________________________

Mein Werbespruch: ______________________________

____

2 Wo gibt es überall Werbung? Schreibe wenigstens vier Möglichkeiten auf.

____

____

Merkwörter

Werbespotts versprechen viel: Kornflakes Wecken den Tiger in dir. Bomboms haben viele Witamine. Die richtige Konfitere auf dem Frühstükstisch macht fröhlich.

3 Streiche die falsch geschriebenen Merkwörter durch. Schreibe sie richtig darüber.
4 Erkläre bei zwei Wörtern, warum sie so geschrieben werden.

____

____

Nomen – Verben – Adjektive

WERBEN, WERBUNG, WERBEFILM, (SIE) WIRBT, WERBEWIRKSAM

5 Ordne die Wörter in die Tabelle ein.

Nomen	Verben	Adjektive

6 **Das habe ich neu gelernt.** Schreibe es auf die Rückseite.

Zu Sprachbuch, Seiten 92/93